EXPULSANDO DEMONIOS

DEREK PRINCE

EXPULSANDO DEMONIOS

UNA INTRODUCCION A LA
DEMONOLOGIA PRACTICAL

DEREK PRINCE
MINISTRIES

E X P U L S A N D O   D E M O N I O S
por Derek Prince

Traducido desde el libro original en Ingles *Expelling Demons*
© 1970 Derek Prince Ministries–International

Salvo indicacíon, todos los pasajes bíblicos han sido tomados de la Versión
Reina-Valera, Revisión 1960.

© 2000 Derek Prince Ministries–International

ISBN 978-1-78263-029-6

Derek Prince Ministries
PO Box 19501
Charlotte, NC 28219-9501 U.S.A.
www.derekprince.org
704-357-3556

EXPULSANDO DEMONIOS

POR DEREK PRINCE

Y ESTAS SEÑALES SEGUIRÁN A LOS QUE CREEN: EN MI NOMBRE ECHARÁN FUERA DEMONIOS; HABLARÁN NUEVAS LENGUAS (MARCOS 16:17).

EN ESTE VERSÍCULO, CRISTO REÚNE DOS manifesta-ciones del poder sobrenatural con las que confirma el testimonio de los creyentes cristianos. La primera es el "echar fuera demonios"; la segunda el "hablar en nuevas lenguas".

En la iglesia de hoy, escuchamos mucho de hablar en lenguas, (especialmente como una evidencia del bautismo en el Espíritu Santo), pero muy poco referente a echar fuera demonios.

¿Cómo es que estas dos manifestaciones han llegado a separarse tan completamente la una de la otra?

En realidad, Cristo pone el echar fuera demonios *antes* que el hablar en lenguas. Existe un motivo para este orden. La intención es que la gente sea liberada *primero* de los demonios antes que pida el bautismo en el Espíritu Santo y el hablar en lenguas.

Sin embargo, debido a la falta de discerni-miento y entendimiento, esto no se practica normalmente en la iglesia de hoy. Como resultado, la gente en nuestros días es bautizada a menudo con el Espíritu Santo y habla nuevas lenguas; pero después todavía necesita ser liberada de demonios. Es hora que la iglesia se dedique con una actitud de oración u una mente abierta estudiar el tema de la demonología. En el griego del Nuevo Testamento, la palabra "demonio" es *daimonion*. Este es un diminutivo de otra palabra griega *daimön*.

Estas palabras se usan en la mitología y el folclore griegos para describir una clase especial de seres a quienes les fueron atribuidos diversos grados de poder o influencia sobrenatural. Varios de sus cultos y ceremonias se centraban en torno a estos seres y jugaban un papel importante en la vida diaria de la gente común.

Algunas veces, la palabra griega *diamonion* se traduce como "diablo". Sin embargo, esto es incorrecto. La palabra "diablo" se forma del término *diabolos* que significa literalmente "calumniador". En la Escritura, ésta se reserva normalmente como un título del mismo Satanás.

En el Nuevo Testamento, el sustantivo *daimonion*, está asociado con el verbo pasivo *daimonizomai*. Su significado literal es "estar endemoniado" o de cierta manera bajo la influencia o poder de los demonios. Este significado del verbo es muy general.

En la Biblia, este verbo se traduce común-mente

con alguna frase como estar "poseído" o "atormenta-do" por demonios o espíritus malos. No obstante, en el texto griego original no existen las distinciones que correspondan a estas diferentes palabras en español. Algunos predicadores han elaborado complicadas distinciones entre la posesión, la opresión u obsesión de demonios. Sin embargo, no hay nada en el griego original que fundamente estas distinciones.

Otras dos frases normalmente usadas en el Nuevo Testamento con relación a esto son: "espíritus ma-lignos" y "espíritus inmundos". Una comparación de Apocalipsis 16:13–14, parece indicar que estas dos frases "demonios" y "espíritus inmundos" se usan intercambiablemente.

La psicología considera normalmente tres elemen-tos principales que están asociados con el concepto de la "personalidad". Estos son: "el conocimiento, la vol-untad y la emoción". Es importante comprender que estos tres elementos de la personalidad se encuentran en la representación que da el Nuevo Testamento de los demonios.

Los demonios poseen *conocimiento*. En Marcos 1:24, el demonio en el hombre de la sinagoga en Capernaum dijo a Cristo: "Sé quien eres, el Santo de Dios". En Hechos 19:15, el espíritu malo en el hombre de Efeso dijo a los siete hijos de Esceva: "a Jesús conozco (reconozco) y sé quién es Pablo, pero vosotros, ¿quiénes sois?"

Los demonios poseen *voluntad*. En Mateo 12:44, el espíritu inmundo que salió del hombre y no pudo encontrar un lugar de descanso, dijo: "volveré a mi casa de donde salí." En Lucas 8:31–33, los demonios en el hombre de Gadara expresaron fuertemente su voluntad para que no los echaran al abismo sino que se les permitiera entrar en los cerdos.

Los demonios poseen *emoción*. En Santiago 2:19, leemos: "los demonios también creen y *tiemblan*".

Otra verdad que confirma la personalidad de los

demonios es su habilidad de *hablar*. Así lo señalan muchos pasajes del Nuevo Testamento. Desde el punto de vista de la psicología, normalmente atribuimos al concepto de personalidad a todo lo que sea capaz de expresar su significado en lenguaje inteligible.

Por consiguiente, considerando todas las normas aceptadas, comprendemos que los demonios exhiben todos los atributos de la *personalidad*. Esto es de tremenda importancia. Los creyentes cristianos no están en posición de enfrentar con éxito a los demonios hasta que reconozcan que estos son personas y no cosas. Un demonio no es un hábito o un estado mental o una condición psicológica. Un demonio es una *persona*.

Un medio para detectar la presencia o actividad demoníaca es la manifestación sobrenatural del Espíritu Santo llamada en 1 Corintios 12:10, "discernimiento de espíritus". Muchos cristianos que han sido bautizados por el Espíritu Santo manifiestan cierta medida de discernimiento, pero con frecuencia no se percatan completamente de la naturaleza de esta operación del Espíritu Santo, por lo tanto no la usan eficazmente. El discernimiento de este tipo necesita ser ejercitado regularmente.

Por tal razón, leemos en Hebreo 5:14 de creyentes "que han alcanzado madurez, para los que *por el uso tienen los sentidos ejercitados en el discernimiento del bien y del mal*". Son muy pocos los creyentes en la iglesia actualmente que ostentan esta marca de madurez espiritual.

Si los cristianos estuviesen dispuestos a ejercitar sus facultades espirituales, en breve descubrirían que hay muchos síntomas diferentes que comúnmente indican la presencia o la actividad de demonios. Algunos de los síntomas más comunes se presentan abajo con estos encabezados: primeramente, el psicológico, que se relaciona principalmente con la naturaleza interior y la personalidad; segundo, el físico, relacionado principalmente con la apariencia y condición del cuerpo exterior.

I. PSICOLÓGICO

(a) Emociones o actitudes malas o destruc-tivas persistentes, o recurrentes que pueden dominar a una persona, aún en contra de su propia voluntad o naturaleza: por ejemplo, resentimiento odio, miedo, envidia, celos, orgullo, autocompasión, tensión, impaciencia.

(b) "Humores" — fluctuaciones extremas, irrazonables y repentinas: por ejemplo, de la excitación locuaz a la depresión taciturna.

(c) Varias formas de error religioso o atadura: por ejemplo, sumisión a doctrinas no bíblicas o prohibiciones, ascetismo, negarse a comer alimentos normales, prácticas supersticiosas de toda clase y diversas formas de idolatría.

(d) Recurrir a amuletos, adivinación de la fortuna, astrología, medium, etc.

(e) Hábitos esclavizantes: por ejemplo: glotonería, alcoholismo, nicotina, drogas, inmoralidad sexual o perversión de todo tipo, pensamientos sucios o miradas incontrolables.

(f) Blasfemia, burla, lenguaje sucio.

(g) Oposición persistente o violenta a la verdad bíblica o a la obra del Espíritu Santo.

II. Fisico

(a) Cansancio anormal y locuacidad, refunfuño.

(b) Ojos vidriosos, anormalmente brillantes y saltones o incapaces de enfocar naturalmente.

(c) Espuma en la boca, aliento fétido.

(d) Palpitación o acción acelerada del corazón no natural.

(e) Evadir, retraerse o pelear contra el Espíritu Santo.

En muchos casos, uno solo de estos síntomas no sería indicación concluyente de la presencia de demonios o de su actividad. Pero donde varios de estos síntomas se hallen juntos, la probabilidad de la actividad demoníaca es sumamente alta.

Además de estos indicios, el Nuevo Testamento muestra claramente que los demonios son con frecuencia la causa de enfermedades puramente físicas. Por ejemplo, en Lucas 13:11, leemos de "una mujer que desde hacía dieciocho años tenía un *espíritu de enfermedad*, y andaba encorvada, y de ninguna manera se podía enderezar". Tan pronto como la mujer fue liberada de este espíritu de enfermedad, su condición física pasó a ser completamente normal. Jesús la identificó como una "hija de Abraham". Es decir, ella era una verdadera creyente. No hay sugerencia alguna de que fuese culpable de un pecado especial. El poder del demonio se manifestaba solamente en su cuerpo físico.

Además, en Hechos 19:11, leemos concerni-ente al ministerio de Pablo en Efesios: "llevaban a los enfermos los paños o delantales de su cuerpo, y las enfermedades se iban de ellos, y los espíritus malos salían". Aquí se asocia a los "espíritus malos" y las "enfermedades" de tal manera que implica claramente alguna clase de relación ocasional entre ellos.

Las siguientes son algunas condiciones mentales o físicas comunes causadas a veces por los demonios: la locura, el insomnio, la epilepsia, las convulsiones, los calambres, las jaquecas, el asma, la sinusitis, los tumores, las enfermedades cardíacas, la artritis, la parálisis, la mudez, la sordera, la ceguera.

¿Cuales son las condiciones para la liberación de la influencia y del poder destructivos de los demonios?

La primera condición es un *diagnóstico correcto*. En 1 Corintios 9:26, Pablo describe su ministerio de la siguiente manera: "... de esta manera peleo, no como quien golpea el aire". Cuando el cristiano es confrontado por los demonios, pero no se da cuenta de la naturaleza de sus enemigos, es como un boxeador que golpea locamente con sus puños, pero nunca asesta sus golpes en el cuerpo de su oponente. Puede disipar mucho tiempo y energía, sin hacer nunca un "contacto" real con el enemigo invisible que se le opone. Por esta razón, muy poco se logra.

Una vez que la presencia y la actividad de los demonios ha sido correctamente diagnosticada, hay varias otras condiciones para la liberación. Algunas de estas conciernen a la persona que está ministrando la liberación; otras tienen que ver con la que necesita la liberación.

Por conveniencia, llamaremos al creyente que está ministrando la liberación "el ministro". Las siguientes son cinco condiciones importantes que debe cumplir.

(1) El ministro debe reconocer la autoridad delegada a él en el nombre de Jesucristo. Jesús mismo dijo: ". . . *en mi nombre* echarán fuera demonios". En Lucas 10:17 leemos: "Volvieron los setenta con gozo, diciendo: Señor, aún los demonios se nos sujetan *en tu nombre*". En Hechos 16:18, cuando Pablo habló al

espíritu de adivinación en Filipo, él dice: "Te mando *en el nombre de Jesucristo*, que salgas de ella".

(2) El ministro necesita el poder del Espíritu Santo. En Mateo 12:28, Jesús dijo: "Pero si yo por el Espíritu de Dios echo fuera los demonios, ciertamente ha llegado a vosotros el reino de Dios". El atribuye así su capacidad de echar fuera demonios al poder del Espíritu Santo. De la misma manera, en Lucas 4:18 el Señor atribuye a la unción del Espíritu Santo, su competencia para "pregonar libertad a los cautivos . . . poner en libertad a los oprimidos".

(3) El ministro debe entender y aplicar en cada caso los principios pertinentes de la Escritura que definen las condiciones de perdón de pecados y las bases legales de la redención mediante la sangre de Jesucristo.

(4) Con frecuencia, el ministro debe estar preparado para proveer tiempo y lugar para el consejo íntimo y personal. Hablando en términos generales,

¡el tiempo o el lugar menos adecuado es en el altar de la iglesia durante un servicio público!

(5) El ministro debe guardarse del orgullo espiritual en todas sus formas. Su motivación debe de ser la compasión sincera dada por Dios para aquél que necesita la liberación. De todos los alcanzados por la iglesia de hoy, no hay persona más necesitada y digna de lástima que la que requiere la liberación de demonios.

Pongamos nuestra atención ahora en quien necesita la liberación, al que por conveniencia llamaremos el "paciente". Los siguientes son algunos requisitos para su liberación.

(1) Humildad. El paciente debe someterse a Dios en humildad antes que pueda resistir al diablo. (Ver Santiago 4:6–7.)

(2) Sinceridad. Esto exige un conocimiento completo y franco tanto de la condición del paciente como de cualquier pecado que puede haber contribuido a

tal condición. (Ver Salmos 32:1–5.)

(3) Confesión. El paciente debe confesar específicamente a Dios todo pecado conocido. (Ver 1 Juan 1:9.) Además, también pudiera tener que hacer confesión a la persona que esté orando con él por liberación. Es la implicación de las palabras de Santiago 5:16: "Confesaos vuestras ofensas *unos a otros, y orad unos por los otros.*" Esto habla de confesión no sólo a Dios, sino también al hombre. El orden es primero, "confesar"; luego, "orar".

(4) Renunciación. No es suficiente confesar los pecados sin también renunciarlo. "El que encubre sus pecados no prosperará; más el que los confiesa y *se aparta* alcanzará misericordia" (Proverbios 28:13). "*Deje* el impío su camino, y el hombre inicuo sus *pensamientos*, y vuélvase a Jehová, el cual tendrá de él misericordia, y al Dios nuestro, el cual será amplio en perdonar" (Isaías 55:7).

El pecador debe abandonar no sólo "su camino",

(su comportamiento externo), sino también "sus pensamientos" (toda tendencia o deseo interno pecaminosos, aunque no sean expresados en hechos exteriores). El "abandonar" debe venir antes de la "misericordia" y el "perdón".

(5) Perdón. Aquél que desea el perdón de Dios, debe primeramente perdonar a sus semejantes. El resentimiento y el espíritu de rencor son los dos obstáculos más comunes para la liberación. Hebreos 12:15 nos amonesta contra "alguna raíz de amargura". Dondequiera que la amargura haya envenenado el corazón, debe ser totalmente removida para que no quede ni una raíz.

Hay una significación especial en el orden de las palabras en el Padre Nuestro. Primero, "*perdónanos* nuestras deudas como también *nosotros perdonamos* a nuestros deudores". (Esto quiere decir que nuestro perdón de Dios es en proporción con nuestro perdón a los hombres.) Luego, "*líbranos* del mal. . . ." Significa que el *perdón* debe venir antes que la *liberación*. Sin perdón no tenemos el derecho de la liberación.

(6) Cuando el paciente haya alcanzado las cinco condiciones anteriores, estará en posición de reclamar la promesa de Joel 2:32: "Y todo aquel que invocare el nombre de Jehová será salvo". Invocar el nombre del Señor Jesucristo por lo regular pone en movimiento el proceso de la liberación.

Es importante darse cuenta de que la liberación es normalmente un *proceso*. Este proceso pudiera ser breve o largo; pudiera ser intenso y dramático, o pudiera ser silencioso y apenas perceptible. Pero cuando una persona es liberada de un demonio, hay una experiencia o reacción definitiva. Cuando no hay una experiencia o reacción definitiva, es dudoso que hubiera realmente una liberación.

Hay ciertos principios sencillos y de sentido común que se aplican en coneccíon con esto. Si hay un demonio en cualquier lugar dentro de una persona, ese demonio debe salir. A menos que el demonio haya salido realmente, no ha habido liberación. Generalmente, un demonio tratará de permanecer escondido antes de ser obligado a manifestar su presencia y salir.

Recuerde que un demonio es un "espíritu". La palabra en griego para "espíritu" es *pneuma* y significa también "aliento". El aliento de una persona normalmente entra o sale de su cuerpo a través de la boca o nariz. Lo mismo es verdad de los demonios o espíritus malos. Cuando un demonio sale de una persona normalmente lo hace a través de su boca. En ese momento, hay por lo general una manifestación definitiva. Las siguientes son algunas de las manifestaciones relacionadas con la boca que comúnmente marcan la culminación del proceso de liberación. Sisear, toser, llorar, gritar, eructar, escupir y vomitar.

El fenómeno de gritar o rugir, es mencionado en Hechos 8:7: "Muchos que tenían espíritus inmundos, salían éstos *dando grandes voces*". Como quiera, éstos son sólo dos de varios fenómenos posibles relacionados de alguna manera con la boca. La experiencia me ha convencido de que las diferentes clases de demonios exhiben diferentes tipos de comportamiento. Por ejemplo, los demonios de impureza sexual salen normalmente con alguna forma de escupir o vomitar (y frecuentemente con una gran cantidad de material mucoso o baboso). El demonio de temor sale normalmente con una clase de llanto o gemido histérico. Los demonios de mentira y de odio profieren un rugido fuerte. El demonio de nicotina (fumar) sale con una tos o jadeo.

Sucede algunas veces, que los demonios hacen virtualmente a un lado la personalidad del paciente y manifiestan y expresan su propia personalidad por medio de él. En ocasiones, toman control de los órganos del habla del paciente y los usan para emitir sus propias palabras. Algunas veces esto causa un cambio obvio de voz. Un tipo de voz masculina ronca pudiera salir de la garganta de una mujer. A veces sucede también que el demonio dentro de una persona puede entender o hablar idiomas desconocidos por la misma persona. En tales casos, el ministro puede ejercer la autoridad delegada a él mediante el nombre de Jesucristo, y puede ordenar a cada demonio que dé su nombre, revelando así su naturaleza y actividad. Los siguientes son algunos de los nombres que yo he oído mencionar: Odio, Mentira, Celos, Duda, Envidia, Confusión, Perversidad, Esquizofrenia, Muerte, Suicidio, Adulterio, Burla, Blasfemia, Brujería. He oído también muchos otros nombres demasiado obscenos para imprimir.

———————————————

La divina providencia ha corrido nuevamente hoy los velos del convencionalismo y la carnalidad, y la iglesia de Jesucristo está siendo confrontada por la misma oposición manifiesta de poder demoníaco que confrontó a la iglesia del Nuevo Testamento. En esta circunstancia, la iglesia debe explorar nuevamente los recursos de autoridad y poder disponibles para ella mediante la verdad de la Escritura, la unción del Espíritu Santo y el nombre y la sangre del Señor Jesucristo.

SOBRE EL AUTOR

Derek Prince (1915–2003) nació en la India, de padres británicos. Se formó como erudito en griego y latín en las universidades de Eton y Cambridge, en Inglaterra, donde se desempeñó como catedrático de filosofía antigua y moderna en el King's College. También estudió varias lenguas modernas, así como hebreo y arameo en la Universidad de Cambridge y en la Universidad Hebrea en Jerusalén.

Mientras prestaba su servicio al ejército británico en la Segunda Guerra mundial, empezó a estudiar la Biblia y tuvo un encuentro con Jesucristo que transformó su vida. A raíz de ese encuentro él llegó a dos conclusiones: primero, que Jesucristo vive, y segundo, que la Biblia es un libro verídico, relevante y de actualidad. Estas conclusiones alteraron por completo el curso de su vida, que consagró desde entonces al estudio y la enseñanza de la Biblia.

El don de Derek de explicar la Biblia y sus enseñanzas de manera sencilla y clara ha sido el fundamento de la fe para millones de personas. Su enfoque no denominacional ni sectario ha hecho que sus enseñanzas sean relevantes y provechosas para personas de diferentes procedencias raciales y religiosas.

Es autor de más de 50 libros, 500 grabaciones y 110 vídeos de enseñanza, muchos de los cuales han sido traducidos y publicados en más de 100 idiomas. Su programa radial Llaves para vivir con éxito se ha traducido al árabe, croata, alemán, malgache, mongol, ruso, samoano, español, tongano, y chino (Cantonés, Mandarín, y los dialectos de Amoy, Shangai y Swatow). El programa radial sigue bendiciendo a muchas personas en todo el mundo.

Derek Prince Ministries
PO Box 19501
Charlotte, NC 28219
www.derekprince.org

B70SP/6-91/PP/0608

www.ingramcontent.com/pod-product-compliance
Lightning Source LLC
Chambersburg PA
CBHW060603030426
42337CB00019B/3590